ISBN: 978-1-954033-03-0

Written by Benjamin Paul Kantor

Published by KoineGreek.com Books
An imprint of

539 W. Commerce St. #494
Dallas, TX 75208
www.KoineGreek.com

KOINE GREEK Josephus and the Jewish War

ιωσηπος και ο ιουδαϊκος πολεμος

οὗτός ἐστιν Φλαύιος Ἰώσηπος· αὐτὸς δὲ ἦν συγγραφεὺς ἱστορικός καὶ ὁ τῶν παρ᾽ Ἑβραίοις ἐπισημότατος ἱστορικῶν· Ἑβραῖος γὰρ ὑπῆρχεν καὶ παρῆν ἐν τῷ πολέμῳ·

ἐγεννήθη δὲ ἐν τῇ ἐπαρχίᾳ Ἰουδαίᾳ ἐν τῇ πόλει Ἱερουσαλήμ·

αὐτῷ δὲ γένος ἐστὶν οὐκ ἄσημον, ἀλλ᾽ ἐξ ἱερέων ἄνωθεν καταβεβηκός· ὁ μὲν γὰρ πατὴρ αὐτοῦ ἦν ἱερεὺς ὀνόματι Ματθίας, ἡ δὲ μήτηρ ἐκ βασιλικοῦ γένους, ἔγγονος οὖσα τῶν Ἀσαμωναίου παίδων·

λέγεται δὲ Ἰώσηπος εὐθὺς ἐκ παιδίου πολλὰ καὶ ποικίλα μανθάνειν·

ἔτι δὲ μειράκιον ὢν
ἐστρατήγησεν τῶν
Ἰουδαίων ἐν τῷ πρὸς
Ῥωμαίους πολέμῳ·

ὁ δὲ στρατηγὸς τῶν Ῥωμαίων, Οὐεσπασιανὸς ὀνόματι, ἐνείκησεν τὸν τοῦ Ἰωσήπου στρατιὰν

καὶ τὸν Ἰώσηπον
αἰχμάλωτον ἔλαβεν·

ὁ δὲ Ἰώσηπος, γενόμενος αἰχμάλωτος τῶν Ῥωμαίων, εἶδεν τὴν κατάλυσιν τῆς Ἱερουσαλήμ·

ὁ γὰρ υἱὸς τοῦ Οὐεσπασιανοῦ, Τίτος ὀνόματι, ἐπόρθησεν τὴν Ἱερουσαλὴμ καὶ πᾶσαν τὴν Παλαιστίνην καὶ τὸ ἱερὸν τῶν Ἰουδαίων κατέστρεψεν·

καὶ τὰ χρυσᾶ κατασκευάσματα ἐκ τοῦ ἱεροῦ ἔκλεψεν·

ὁ δὲ Ἰώσηπος ὑπέστρεψεν μετὰ τῶν Ῥωμαίων εἰς τὴν Ῥώμην·

οἱ δὲ Ῥωμαῖοι στρατηγοί, Τίτος καὶ ὁ πατὴρ αὐτοῦ Οὐεσπασιανός, ἐποιήσαντο θρίαμβον ἐν τῇ πόλει καὶ ἐφέροντο τὰ ἐγκαταληφθέντα τῷ ἐν Ἱεροσολύμοις ἱερῷ, χρυσῆ τε τράπεζα καὶ λυχνία χρυσῆ·

καὶ πάντα ταῦτά εἰσιν
κεχαραγμένα ἐν τῇ ἁψῖδι
τοῦ Τίτου ἐν τῇ πόλει
Ῥώμῃ παρὰ τὸ φόρον ἕως
τῆς σήμερον ἡμέρας·

τοῦ δὲ πολέμου τὴν ἱστορίαν συνεγράψατο Ἰώσηπος ὁ σοφώτατος ἐν ἑπτὰ βιβλίοις καλέσας αὐτὰ τὸν Ἰουδαϊκὸν πόλεμον·

Image Attributions:

Image of the γραφεῖον '(Roman) stylus' credit to 'The Portable Antiquities Scheme, Matthew Fittock' (https://finds.org.uk/database/ajax/download/id/1002844). Used in accordance with the Creative Commons Attribution 2.0 Generic (CC BY 2.0) License: https://creativecommons.org/licenses/by/2.0/deed.en.

Bibliography and Texts:

Story of life of Josephus based on:

Frilingos, Christopher A. 2017. "More than Meets the Eye: Incongruity and Observation in Josephus's Account of the Triumph of Vespasian and Titus." *History of Religions* 57 (1): 50–67.

Language of the text is partly based on (or verbatim quotes) the Greek texts below:

Dindorf, Ludwig. 1831. *Ioannis Malalae: Chronographia*. Corpus Scriptorum Historiae Byzantinae 32. Bonn: Weber.

Niese, Benedikt. 1890. *Flavii Iosephi opera*. Berlin: Weidmann.

Schwartz, Eduard. 1903. *Eusebius Werke: Zweiter Band: Die Kirchengeschichte*. Leipzig: J. C. Hinrichs.

www.ingramcontent.com/pod-product-compliance
Ingram Content Group UK Ltd.
Pitfield, Milton Keynes, MK11 3LW, UK
UKHW060113300726
14090UKWH00002B/168
9781954033030